나로 시집

하루가 일생이다

창조문예사

차례

1부_ 바람이 스친다

누가 더 슬픈가를 따지지 마라	9
이 여름 이야기	10
목마름	11
내가 나에게	12
심부름	14
꽃을 바라보다	16
외롭다 말하지 않으려네	17
역시 그리움인가	18
봄의 어원	19
사랑과 용서로	20
사랑은 들꽃으로 피어나고	21
산은 언제나	22
작은 씨앗 하나	23
바람이 스친다	24
비로소 편안하다	25
살아 있는 시간	26
더 멀리 날지 못할까	27
그저 그리움	28
소묘	29
생명에 대한 예의	30

2부_ 고향 꿍쳐 먹은 놈

솔직히 말하여도	33
아비가 되다	34
내 마음에 색깔이 있다면	35
사랑하는 아이에게	36
비둘기와 노숙자	38
함씨와 할압씨	40
낙엽의 계절	41
눈 오는 날	42
출생	44
한 줄기 바람으로 불어와	46
오랜 잠	47
포말	48
동해안의 스케치	49
아직 그 자리	50
가을 소회	51
첫사랑의 기억	52
호우주의보	54
숲, 드러나다	55
고향 꿍쳐 먹은 놈	56

3부_ 아직도 나는 삶이 서투르다

사랑, 그 영원한 밀어	61
함부로 기도하지 마라	62
새살이 돋게 하소서	64
미웠던 사람도 그리울 때가 있다	65
시인詩人을 만나다	66
떠난다는 것	68
버리고 갈 것들	70
추락한 천사	72
구겨 쓰는 창세기	73
아직도 나는 삶이 서투르다	74
외로움은 그리움이 되고	75
청둥오리	76
도시의 유목민 1	78
도시의 유목민 2	79
새벽에 만나는 영혼	80
빈센트 반 고흐	82
폐허를 짓다	83
은하철도 999	84
니체의 신神	85

4부_ 오늘과 헤어집니다

스스로 그대로	89
그날 이후	90
오늘과 헤어집니다	92
망향	93
휴식	94
오후	95
때와 곳	96
고구마	97
변장	98
길을 나서며	100
횡단보도에서	102
당연하지 않다	103
목적지	104
다시 오는 가을	105
얼마나 놀라운 생명인가	106
나는 할 말이 많다	107
스스로 위로하다	108
세월 먹기	110
객관의 허구	111

고재갑 시인의 시를 읽다 _ 이향아   112

1부
바람이 스친다

누가 더 슬픈가를 따지지 마라 · 이 여름 이야기 · 목마름
내가 나에게 · 심부름 · 꽃을 바라보다
외롭다 말하지 않으려네 · 역시 그리움인가 · 봄의 어원
사랑과 용서로 · 사랑은 들꽃으로 피어나고 · 산은 언제나
작은 씨앗 하나 · 바람이 스친다 · 비로소 편안하다
살아 있는 시간 · 더 멀리 날지 못할까 · 그저 그리움
소묘 · 생명에 대한 예의

누가 더 슬픈가를 따지지 마라

청상은 웃어도 숨죽여 울고 있다.
외로운 자 외롭다 말할 겨를 정녕 없고
저마다 슬픈 사연 있어
밀물처럼, 썰물처럼 살아가고 있다.

어줍지 않은 어른이라
꺼억꺼억 울지는 못한다.
낭떠러지 같은 절망 앞에서
겉도는 밧줄은 던져 주지 마라.
죽음 같은 고요가 차라리 안식인 것을

내가 더 슬프다는 핑계로
깊은 나락에 떨어진 친구를 챙기지 못한 하루가 길다.

이 여름 이야기

뭇 생명이 앞다투어 여름이 우거졌다
제각각 꽃을 피워 탐욕이 영글어 가고
장맛비 속에서도 게으름이 지천이다

사람들 이야기야 언제나 꼬이는 것
금[線] 하나 넘어간 새벽에 총성이 울리고
예쁘게 늙어 가던 여인의 비명이 붉게 흐르다

진돗개 잡종 순둥이도 어제 죽었다
허약한 장정들은 보양이 필요한지라
푹푹 찌는 날 푸욱 삶았다

습한 길목에 늑대거미가 그물을 치고
도시의 모퉁이에는 이기심이 매복을 하고
세상은 온통 검은 기름의 늪에 빠져 허우적거리고 있다

목마름

목마름
아니 그 이상의 찢어지는 갈증
밤낮 며칠을 고승高僧처럼 걸어도
망망한 길 아무것도 없어
운명이라 체념할까
누구나 상속받는
천형의 외로움인지

어디엔가 있을 소망의 그곳을 향하여
칼 베인 선홍 피로 그리는 그림
겨울밤 내내 울어 에는 바람 소리
처연한 그리움은 또다시 파닥인다

내가 나에게

무디어진 가슴이라고 무디기만 할까
넘어진 마음이 절통切痛으로 아파도
하소연한들 무얼 해, 허허로울 뿐이라
그냥 견디어 낸 시간들이 세월이 되었다
그래,
내가 그걸 알지

텅 빈 가슴이라고 비어 있기만 할까
할퀴운 자리 빈 소리로 쓸쓸해도
벗조차 온전히 느껴 줄 리야
그냥 흘려보낸 세월은 허공
그래,
내가 그걸 알지

어차피 홀로 이겨 내야 할
누군가의 위로조차 공허롭기만 할
그래서 무디어지고 비어 있었다

그래

내가 그걸 알지

처음부터 끝까지
내가 그걸 알지

심부름

너무 늦지 않은 시간, 아직은 길거리에 사람들이 오가는 시간, 그때쯤이 도착하기에 참 좋을 것이다. 나는 심부름을 가고 있다. 작은 보퉁이에 뭐가 들어 있을까. 철없는 아이처럼 발부리에 걸리는 돌멩이를 걷어차면서 간다.

집을 나설 때는 제법 단정한 차림이었다. 장터를 지나며 하릴없이 고개를 기웃거리고. 모두가 낯설고 모두가 정겨운 것이 이상했다. 동무가 생겨 마음이 즐거웠다.
별말 없었어도 내 마음을 다 이해해 주었고, 나 또한 그를 알 수 있었다.
가볍게 헤어질 수 있어서 더욱 좋았다. 다시 만날 수 있으리라는 기분으로 헤어졌기 때문이다. 한낮이 되어 참 더웠지만 힘들지는 않았다. 삭정이 같은 소나기가 쏟아지더니, 시방은 세차게 바람이 분다. 금방 잠잠해질 거라고 믿으면서 걷는다.

지금 나는 누구의 심부름을 가고 있는 것일까. 왜 처음부터 그런 생각을 못했을까. 어쨌든 가야 한다. 도착할 즈음은 역시 너무 늦지 않았으면 좋겠고, 산들바람이 불어서 슬픔과 어우러지지 않았으면 좋겠다. 시간이 없으므로 누구의 심부름인지, 무슨 심부름인지도 궁리해 보아야겠다.

꽃을 바라보다

꽃들의 이름을 낱낱이 외울 필요가 있을까
애당초 꽃마다에 이름을 붙인 건
꽃들에 대한 분별의 무례이다.
가장 아름다운 꽃이라 정할 수 없고
가장 향기로운 꽃이라 정할 수 없어
저마다 꽃은 저대로 아름답고
저대로 향기로우며
여기저기 피어나서 이제저제 진다.

무릇 꽃이 아닌 목숨이 있는가.
풀섶에 숨어 핀 작은 꽃을 발견하고
탄성을 지를 때 나는 이미 꽃이었고
누군가 그런 나를 바라보고 있다면
탄성 지르는 한 송이의 꽃을 바라보고 있는 셈이다.

그리하여
나의 등 뒤에는 또 한 송이 꽃이 피어 있다.

외롭다 말하지 않으려네

외롭다 말하지 않으려네.
山은 하늘보다 더
커다랗게 외로운데
아무 말 없으니

외롭다 말하지 않으려네.
江은 세월보다 더
오래도록 흐르면서도
아무 말 없으니,

외롭다 말하지 않으려네.
초목은 바람보다 더
소리 없이 외로운데
말없이 서로를 눈빛으로 견디는데

역시 그리움인가

하얀 분말이 보슬보슬 내리던 날
모퉁이를 돌아서면 언제나처럼
저만치 그리움이 짙고 있다

소리 없이 다가서면
홀연히 사라지는
한 무더기 허상

그만큼의 거리
그만큼의 크기
그만큼의 무게

그리움인가 하였더니
역시 그리움인가 보다

봄의 어원

얼었던 땅을 헤집고 세상을 내다 보다 '봄'
새싹의 연약한 신비를 들여다보다 '봄'
만물은 서로를 돌아다보고 '봄'
저마다의 꽃망울을 터트려 보고 '봄'
파노라마로 변하는 연두색 산하를 보다 '봄'
눈보라 기어이 견디어 낸
소생의 위대함을 보고 '봄'
우거진 신록의 찬란한 희망을 보고 '봄'
따뜻한 가슴으로 모두를
사랑하고픈 소망을 보다 '봄'
생명의 위대함과 희망과 소망을 봄

사랑과 용서로

사랑과 용서로 품어 낼 수 있는
가슴이 있는데
아직 사랑하고 용서하지 못한다면
나는 지금 빚쟁이다

사랑하고 용서할 수 있는
시간이 있을 때
끝내 사랑하고 용서하지 못한다면
나는 아마 빚쟁이로 죽을 것이다

사랑은 들꽃으로 피어나고

1.
양지 바른 언덕
묏등 하나 희로애락이
소리 없이 잠들었다
생전의 사랑 들꽃으로 피어나고
삶은 그렇게 완성되었으리

2.
명동 성당 어느 자리 목관 하나
인자겸손仁慈謙遜이 평온하게 잠들었다
생전의 사랑 별빛으로 살아나고
一生은 그렇게 완성되었겠네

3.
대리석 봉분 천년을 가랴
마음 하나 닦지 못해 불면으로 밤을 샌다
생전의 부덕 나 어찌하려는고
죽음이 있어 그나마 다행이네

산은 언제나

山은 언제나 그곳에 있다.
세월 자리 깔고 누워
침묵하는 거인

홀로 산중에 이르니
천년의 이끼 내음 가득하고
비바람 이겨낸 초목의 의연함에 숙연하다.

호들갑스러운 자아自我
미리 자백하여 고개 숙여도
지그시 눈을 감는 신령

山은 그렇게 그곳에 있다.
여명이 다녀가고
바람이 세차게 지나가도
묵묵히 영원을 기다리는

작은 씨앗 하나

작은 씨앗 하나
어린 싹 트여 나무가 되고
거목이 되고 쓰러질 듯 고목이 되고

작은 씨앗 하나
연두 잎 돋아 꽃이 피고
열매를 맺고 넉넉한 풍요가 되고

작은 씨앗 하나
사랑이 일고 환희가 되고
눈물이 되고 쓸쓸한 이별이 되고

바람이 스친다

모래 위에 흔적을 남기어
비로소 바람은 자신을 표현한다.

바람은 과연
무엇을 말하고자 하는 것일까.

사람들은 어디에 스스로의
흔적을 남길 수 있는 걸까.

사람들은 과연 무엇을 말할 수 있는 걸까.

세월이 흐른다.
바람이 스친다.

사람들이 살아가고 있다.
바람처럼 살아가고 있다.

비로소 편안하다

 깍지 낀 손 풀고 일어나 비로소 행복을 느끼다 화롯불에 언 손을 녹일 때도 행복하다 무엇이 행복이고 무엇이 고통인가 고통의 바로 옆이 행복이고 행복의 바로 옆이 고통이다 멀어지는 그대의 등을 바라보는 고통이었지만 야윈 그대의 어깨를 토닥이니 비로소 편안하다.

 그대를 향한 분노가 천둥이고 번개여서 천둥에 자빠지고 번개에 찢기고 지축이 흔들릴 때 휩쓸려 쓰러졌다 빅뱅 같은 혼돈의 시간을 지나 솜털보다 가볍고 자유로워지다. 비 개인 오후가 맑다.

 그대를 용서하여 메아리조차 없으되 마약처럼 고통을 딛는 개벽이 되고 용서를 구해 오는 것이 용서의 조건이 아니라는 걸 너무 먼 길을 돌아 깨닫다. 스스로 깍지 낀 손을 풀고 일어나 용서받은 지각생으로 이렇게 참 편안하다니 이제는 스스로를 용서할 차례이다.

살아 있는 시간

살아 왔던
살고 있는
살아가야 할

노을로 사라진
여울져 흐르는
어디선가 생성되는

내 생애 처음
낯선 모습의
새로운 시간들이 왔다가
오던 걸음으로 가버렸다

더 멀리 날지 못할까

절망을 정리해 보니
너무 높은 곳을 날려 했던 거야
땅에서 하늘까지
겹겹이 층이 있어
툭 불어 대면 연기처럼 흩어질 듯하지만
수많은 날갯짓이 늘 크고 깊었다
힘차게 차오르면 금세 날갯짓이 꿈이 될지도

눈을 감고 낮은 곳으로 낮게, 낮게
저공으로 날면
아장아장 걷던 내 모습도 보였어

이젠, 더 멀리 날지 못할까
아니 높이 날아야 할 이유 너무 많다
더 높이 날지 않을 당연

그저 그리움

또 하루 시간의 모퉁이를 돌아서면
언제나처럼 저만치 그리움이 가고 있다
소리 없이 다가서면
홀연히 사라지는 한 무더기 허상

늘 그만큼의 거리와 모습
숨결과 향기

사랑인가 하지만 그저 그리움
다시 모퉁이를 되돌아오지는 못한다

소묘

회색의 공간 한 조각 네모를 오려 내고
시간을 네모로 잘라 끼워 넣다
시간이 네모지게 여울져 흐르다
고정된 공간, 흐르는 시간, 착각이다.

공간이 흐른다, 시간은 고정이다, 또한 잘못이다.
시간도 공간도 원래 멈추어 있는 것
시공간을 사람이 스쳐 지나가다

진실로
구름에 달이 가다.

생명에 대한 예의

청마루에 걸어 두고 삼 년도 넘게
깡마르고 마른 옥수수 씨앗
올해는 기어코 잊지 않고 봄밭에 심었더니
늦은 약속을 지키듯이 여린 이파리를 내놓는다
생명도 메마르고 뭉개졌을까
삼 년 세월도 스러지고 바스러졌을까
조바심이 안개처럼 스러지고
소리 없는 탄성이 들림에
나도 모르게 다소곳이 두 손이 모아진다
여린 이파리들도 일제히 손짓을 한다
감당할 수 없는 신비의 손짓들
그저 두 손 모으고 기도할 뿐이다

2부
고향 꿍쳐 먹은 놈

솔직히 말하여도 · 아비가 되다
내 마음에 색깔이 있다면 · 사랑하는 아이에게
비둘기와 노숙자 · 함씨와 할암씨 · 낙엽의 계절
눈 오는 날 · 출생 · 한 줄기 바람으로 불어와 · 오랜 잠
포말 · 동해안의 스케치 · 아직 그 자리 · 가을 소회
첫사랑의 기억 · 호우주의보 · 숲, 드러나다
고향 꿍쳐 먹은 놈

솔직히 말하여도

내가 만약 백만장자여서 걷는 것이 뒤뚱거렸다면
아마 70원짜리 버스 값도 모른 체했을 것이라.
줄을 잘 서 이 나라의 영의정이었다면
영등포역 노숙자 배식이야 안 본 척했을 것이라.

나노미터 기술을 다루어 잘 나가는 석박사였다면
대장간 망치 소리는 짜증 냈을 것도 같다.
베풀 거고 나눌 거라 지금이야 벼르지만
백만장자였다면 아마 나는 놀부라도 될 것이라.

백성의 가려운 곳 아픈 곳은 다 챙기리라면서
영의정이 되고서는 장님이 되었을 것이라.
아하!
석양에 비켜 가는 한 조각 구름을 바라
빈 가슴 휘돌아 가는 바람결은 놓쳤을 것이라.

아비가 되다

어디에서도 아비가 되는 법을 가르쳐 주지 않고,
아비 지망은 많은데 아비학과는 없네.
아비가 얼마나 어려운지를 알 수가 없다.

그래도 다들 지아비가 된다.
때가 되면 아비가 되라고 한다.
당연처럼 아비가 되고, 유행하듯 아비가 되며,
흉내 내듯 아비가 되는

지아비를 제대로 배우지 못하였으니
두고두고 비틀거리고 버벅거린다.
살아가면서도 정작 아비가 아니다.
아비 옷은 입었으되 지아비가 아니다.

수십 년을 아비였으나 아직도 설익은 아비이다.
궁궐같이 늘어선 아비들의 광장,
아비들이 줄줄이 넥타이를 매고 있다.

내 마음에 색깔이 있다면

우울증에 색깔이 있다면
이즈음에 앓고 있는 나의 우울증은
진한 보라 색깔일걸

수많은 언어들은 침묵의 심연으로 가라앉아 버렸고,
미처 수화를 배우지 못한 후회.
고장 난 트랙은 제자리만 끽끽대고,
비에 젖은 깃발처럼 처덕처덕 그대 팔목을 붙잡지만
그대는 이미 산소 대신 질소로 호흡하는 이방인
얼음보다 차가운 무표정이 섧다.
차라리 눈 흘김이 좋을까.

멍울 앓는 가슴은 언제까지 겹치고만 있을 거며 나조차 나를 두고 도망치고 싶은데
누가 있어, 이 진한 보라색 우울증이 나아지려나.

사랑하는 아이에게

아이야, 세상은 넓기도 하고 높기도 하단다.
그러나 걱정하지 마라.
저 넓은 세상을 어찌 다 돌아볼까.
저 높은 언덕을 어찌하여 오를까.
걱정이란 부질없을 뿐이다.
사랑하는 아이야,
세상은 복잡하고 멀기도 하단다.
그조차 걱정하지 마라.
저 어려운 것들을 어찌 다 알까.
저 먼 길을 어찌 다 이를까.
그냥 알아 가는 것이고 이르러 갈 뿐이다.
아이야, 조금씩 너의 키가 자라고
모르는 사이에 네 가슴이 넓어졌을 때
네 손끝이 닿는 그곳
조금은 넓어진 너의 가슴이 필요한 누군가가
너에게 손을 내밀었을 때
너 또한 살포시 미소 지으며 기꺼이 손을 내밀어라.

그때서야 세상은 네 가슴에 들어오고
너는 세상을 이해할 수 있을 것이다.
사랑하는 아이야
세상은 달려간다고 빨리 다다르는 것이 아니란다
아이야, 너는 할 수 있단다.

비둘기와 노숙자

빗방울이 떨어지는가,
낯선 광장에 날이 저문다
무리 지은 비둘기
푸드득 날아오르다
비행기처럼 내려앉아
행인의 바쁜 걸음 사이로
토독 토독 모이를 쫀다.

국밥 받아 든 이 그릇 비운 이
벙어리처럼 순서 기다리는 이
어두워지면 비둘기들은 어디로 가는 걸까.
그저 한 끼 때운 저들
무거운 육신 눕힐 자리는 어딘가.
또다시 해가 뜨면
비둘기는 평화로운 모습으로 모이를 쪼을 테고
미래가 꺾인 저들은 국밥 내음에 차례를 기다려
또 하루를 연명하겠지.

비둘기는 노숙자 알 바 아니고
노숙자는 비둘기 알 바 아니고

함씨와 할압씨

살잘 거 없다 싶은데
세월 참 매몰차게 흘러간다
세월 앞에 자유로운 자는 아무도 없어
용기와 싱그러움조차 몽땅 내준다.

보라! 탄력 잃은 저 함씨
그니도 한때 열아홉 홍조 부끄러움이 있었고
빨랫방망이 얼음 깨서진 때 서답하며 살았다.

비록 부실하여 지팡이 짚지만
쟁기지게 짊어지고 고함쳐 소 몰아
담 모퉁이 돌아설 땐 오줌발 센 청년이었을 터다.

세월 앞에 순종하여 모습마저 숭고한데
내게도 저렇게 조용히 늙어 갈 용기 있을까.

낙엽의 계절

몇 번의 가을이 지나갔을까.
언젠가의 가을은 그렇게도 낭만이더니
이 가을 참 쓸쓸하고
소리 없는 이별 연습 산하에 가득하다.

몇 번의 가을이 남아 있을까.
언젠가의 가을은 그렇게도 풍요롭더니
이 가을 참 가난하고 외로운 그림자
도처에 넘쳐나다.

이 가을 더불어 이별 연습을 하고
이 가을 외로운 그림자의 벗이 될까.

눈 오는 날

눈 오는 날에도
나는 밥을 먹는다
온 세상이 하얗게 순백의 상복을 입어도
숭고한 묵념을 잠깐 쉬고 밥을 먹는다

눈 오는 날에도
나는 똥을 눈다
온갖 더러움을 하얗게 용서받는 날에도
귀퉁이 여백에 노랗게 똥을 눈다

눈 오는 날에도
나는 시장에 간다
신의 은총 같은 하얀 융단을 흠집 내며
똥거리 되는 먹거리를 사러 시장에 간다

눈 오는 날에도
나는 운전석에 오른다

하얀 일요일이므로 쉬어도 무방하지만
그놈의 밥벌이로부터 전화가 온다

출생

칠산 앞바다 알밴 참조기가 나를 낳았다.
조기가 풍년이던 해,
손孫이 귀한 장사꾼은 어린 청상을 맞아들였다.

딸만 둘 낳은 첫째 어미가 나를 낳았다.
언제나 주눅 든 나날보다
차라리 과수의 시중드는 게 느슨했다.

일본 천황 히로히토가 나를 낳았다.
처녀들만 돈 버는 공장에 보낸다니,
선술집에 앉은 외삼촌
탁배기 한 사발에 누이를 시집보냈다.

콕콕 몹쓸 폐결핵이 나를 낳았다.
철없는 신랑쟁이 밤새 화투를 치다.
담배 연기 더불어 돌아오지 않았다.

무차별 총질을 해댄 인민군이 나를 낳았다.
시체 더미에 죽은 척 숨죽이던 새댁
캄캄한 밤길을 더듬더듬 내려왔다.
하마터면 전쟁 통에 미리 죽을 뻔했다.

한 줄기 바람으로 불어와

처음엔 바람[風]이었고
지금도 바람[風]이며
결국은 바람[風]이려니

한 줄기 바람으로 불어와
사랑하고 미워하고 탐욕으로 살찌다가
홀로 그렇게 여위었다

총명하던 눈빛 삼두박근 힘자랑
단백질 윤기 흐른 흑발도
바람으로 왔다 바람으로

오늘도 저문 하루 스산한 바람이 분다.

오랜 잠

잠을 좀 자야겠으니 날 가만히 둬.
두부 장수 딸랑 소리도 멈추라 하고
응급 사이렌도 건물 뒤로 돌아갔으면

화들짝 놀래듯 숨소리 죽이고
빈껍데기 위로는 하지도 마.
이제쯤은 작정하고 숨 돌리기 하고 싶어.

민달팽이처럼 가진 집 없이 가볍게
주위의 모든 환희는 의연히 잊어야지.

천 일이 지나도록 일어나지 않아도
타인처럼 침묵처럼 깨우지 마.

깊은 잠 속에서 우주 유영을 하고
흑백 무성영화 꿈을 꾸고 있을지도 모르고
산처럼 오래 잠들고 싶은

포말

바다 위에 떠 있는 바위
물결이 밀려와 깨어져서
미움과 시기로 하얗게 이빨 드러내는
갈등 꼬인 포말

그 자리에 바위가 떠 있기 때문
그 자리에 내[我]가 떠 있기 때문

나는 곰의 포말을 뒤쓰고 바다로 내달린다
언제부터 바다 위에 떠 있는지는 알 수 없어도
탐욕과 교만으로 검게 떠 있어

그냥 여울져 갈 물결
바위가 있어 부딪히고
내[我]가 있어 포말이 되고

나조차 포말로 부서져 전설이 되면
고고한 침묵의 물결이라

동해안의 스케치

갈매기 한 마리 외로움으로 날고
바위 핥던 파도

그때 먼 바다 쓸쓸히 응시하던 사람
휭 하니 계절이 흐른 뒤
사람의 자리에 내가 서 있다.

먼 바다 쓸쓸함은 보이는데
이제 내가 어디로 가나.

아직 그 자리

아스라히 멀어져 가는
그대 뒷모습

침묵으로 바라보다.
봄가을 수없이 스쳐 갔으니

아직 그 자리
우두커니 서 있는
나

가을 소회

가을은 설악의 대청봉에서 내려와
대둔을 넘어 어느새
백양사 앞 연못에 고운 손 적시네.
사노라니 마중은커녕
무심인 듯 스쳐 가는 뒷모습만 보니
또 하나의 쓸쓸한 이별일 뿐이라.

아하! 너도 그저 세월이었구나.

첫사랑의 기억

소녀를 만나러 가는 길
길가에 가득 핀 코스모스는
오직 나만을 향해 손짓했습니다
둘이서 말없이 그 먼 길을 걸어도
마냥 행복할 수 있다는 걸
그때 처음 알았습니다
하늘과 구름과 바람과 산과 바다
끝없이 흐르는 강물 위로 새들이 날고
아! 밤하늘의 무수한 별들
세상의 만물은 우리를 위해 존재하고
우리 둘만이 행복할 권리가 있었습니다
神이 분명 그렇게 말해 주었지요

이별 슬픔 외로움, 세상에는 아직
이런 단어가 만들어지지도 않았어요
사랑이 멀어져 간 아스라한 기억
문득 간절한 그리움으로

코스모스 핀 그 길을 걸어 보고 싶습니다
지금도 가을이면
그 길가 가득히 코스모스가 필 테지만
더 이상 나를 위해 피는 꽃은 아닐 테지요.

호우주의보

빗줄기가 후두둑
계곡으로 쫓겨 갔다.
으슥한 어둠이 그 뒤를 따랐다.

계곡은 밤새도록 배앓이하며
솟구치는 물소리에 섞여 흐르고
잊혀진 아픔 쏟고
잊혀진 추억도 없이
새까만 숙변을 쏟아 냈다.

우중충한 아침이 와도
황토색 구렁이가 용트림을 하고
사람들의 치욕이 자꾸만 바다로 끌려가고 있었다.

숲, 드러나다

나뭇가지에 걸린 박새의 봉긋한 빈 둥지
산 꿩이 머리를 숨겼을 한 무더기 수풀이 보이고
바람이 여물게 흐르는데
한 겹 두 겹 열없게 옷을 벗고 있다 숲은

양 볼에 도토리 가득 담은 청솔모가 얄밉다
계절이 얼마나 아팠는지 알지 못하는

그렇지
밤꽃 냄새 진동하던 지난 유월의 숲은 소란스러웠다
녹음 사이로 수컷들이 다투어 쏘다니고
여기저기 은밀하게 자지러지는 교성
장맛비에 푸름이 무성하게 절여질 때
새로운 탄생들이 고물대는
습하고 지난했던 숲속의 절박을 모를 테지

햇살이 조금 더 남쪽으로 기울어서
동그랗게 벗어 놓은 구렁이의 허물도 하나쯤 보이겠다

고향 꿍쳐 먹은 놈

스물두 살 팔팔할 때 군대에 갔다.
고향이 어디야
대답 궁색하게 여수라 했다.
멀쩡한 나로도는 꿍쳐 먹고
삼 년을 내리 여수 놈이었다.
여수에서 세 시간은 배를 타야 하는 섬
내 고향 나로도를 꿍쳐 먹고
제대를 하고서도 한동안은
시퍼렇게 살아 있는 고향을 얼버무려 먹었다.

고향을 찾으려는 건 마흔이 넘어서다.
도시가 팍팍하고 공해가 범벅일 때쯤
슬그머니 남들에게 고향을 내놓았다.
줏대 없이 지천명을 넘어와서
우주선 나로호에 자랑을 실었다.
자랑도 함께 두 번이나 나동그라지고
세 번째 나로호가 우주로 가면

또다시 비겁하게 호들갑을 떨겠지.
내 고향이 바로 나로도란 말이다.

3부

아직도 나는 삶이 서투르다

사랑, 그 영원한 밀어 • 함부로 기도하지 마라
새살이 돋게 하소서 • 미웠던 사람도 그리울 때가 있다
시인詩人을 만나다 • 떠난다는 것 • 버리고 갈 것들
추락한 천사 • 구겨 쓰는 창세기 • 아직도 나는 삶이 서투르다
외로움은 그리움이 되고 • 청둥오리 • 도시의 유목민 1
도시의 유목민 2 • 새벽에 만나는 영혼 • 빈센트 반 고흐
폐허를 짓다 • 은하철도 999 • 니체의 신神

사랑, 그 영원한 밀어

태초에 신이 주신 불멸의 유전자인가.
누구나 볼거리처럼 사랑을 앓는다.
호젓한 창가에 외로움이 찾아와
못 견디게 누군가가 그리운 것은
몹쓸 놈의 사랑이 도지고 있는 탓이지.

사람들은 누구나 외로움을 탄다.
사람들은 예외 없이 그리움을 먹는다.
죽을병 같은 바이러스가 온몸에 퍼져도
사랑은 결코 면역이 없고

전쟁터의 포화 속에서도
고립무원의 절망 속에서도
사랑은 어느 결에
은밀한 속삭임으로 다가와
달콤하고 불길한 악몽을 잉태한다.

함부로 기도하지 마라

이름 모를 작은 꽃을 들여다보면
여린 줄기와 꽃잎
꽃술과 그 향기에
감동하지 못한다면
굳이 기도하지 마라.

파닥이는 물고기를 가만히 보면
정교한 지느러미
비늘과 그 생명이
한없이 신비롭지 않다면
따로 기도하지 마라.

스스로의 삶을 거슬러 돌아다보면
애초에 존재하지 않던
몸과 마음이 비롯되어
탐욕이 저지른
모든 결과가 놀랍지 않다면

애써 기도하지 마라.

천둥 치고 비가 내리면
칠흑의 밤을 빌어 생명들이 자란다.
잠시도 쉬지 않고
또한 생명들은 죽어 간다,
그저 감탄하고 감동하라.

그 다음이 기도할 차례이기 때문이다.

새살이 돋게 하소서

악마의 발톱에 할퀸 상처에
빨갛게 새살이 돋게 하소서.

주저앉은 절망의 영혼은
소망으로 일어서게 하소서.

육신을 다친 자
마음을 다친 자 모두
안식으로 평화롭게 하소서.

메마른 대지 위에 새롭게 역동하는
이 봄날에는
파릇파릇 새싹이 돋아나듯이
아픔이 가시는 새살이 돋게 하소서.

미웠던 사람도 그리울 때가 있다

고난의 시절이 단풍으로 추억되듯
미웠던 사람도 그리울 때가 있다.
떠나간 시간과 떠나간 사람
돌아올 수 없는 공간만큼의 빈자리가 떠올라

꽁보리밥 가난이 추억되듯
미웠던 꽁보리가 그리울 때가 있다.

시인詩人을 만나다

노래를 부르면 누구나 詩人이다.
한 자락 한 자락
자신의 삶을 꾸려 가는 사람이면
누구나 예외 없이 詩人이다.
대서양 연안의 가난한 나라
고물 벤츠 택시 기사도
동경 우에노 공원의 게으른 노숙자도
연변의 허름한 식당 주인도
남도의 망해 가는 양식장 사장도
제각기 애환의 노래를 부르고
제각각의 삶을 엮어 간다.
저마다의 곡조로 허리가 휘고
저마다의 사연으로 목이 쉰다.
옥구슬 같은 언어로 치장하지 않아도
계급인 양 詩人으로 자처하지 않아도
있는 그대로의 노래이고
꾸밈없이 살아 있는 詩人이다.

어떻게든 살아 내야 하는 날들
거리에는 온통 詩人들이 너부러져 있고
물 타기 하듯 무리 속에 스며들면
별수 없이 나도 詩人이다.

떠난다는 것

떠난다는 것은 태초부터의 전통이다.
아담과 이브로부터 세월이 떠났고
그들 또한 세상을 떠났다.
그때로부터 수많은 시간이 현재를 떠났고
헤일 수 없는 생명들이 시간을 떠났다.
나도 진즉 떠나왔고 지금도 떠나고 있다.

너로부터 내가 떠나고,
나로부터 네가 떠나고.
젊음으로부터 떠나고,
늙음으로부터 떠나고.
재물로부터 떠나고,
명예로부터 떠나고.
나에게서 기쁨이 떠나고,
고통 또한 떠나고, 만고의 이치가 떠남인데

어찌하여 떠나는 줄 모르고 오늘을 사는가.

오늘이라는 시간 또한 밤을 새워 영원 속으로
바삐 떠나고 있지 않느냐.
언젠가는 지금의 이 시공간에서 떠나고 없을 나.

버리고 갈 것들

걷던 길을 멈추고 생각해 보면
덜컥 겁이 나는 때가 있지
가지고 있는 게 너무도 많은 탓이라
마지막 일기를 쓰기로 했지만
아무짝에 쓸모없는 것들이지

춥다 덥다 걸친 옷가지
아등바등 집 한 칸
세상살이 면허 졸업장이라지만
살아남는 꾀와 기술

어줍지 않은 동정심
탐욕으로 빚은 갈등
군자연君者然 허세 부리며
허풍 섞인 사랑 노래

의당 버려질 것들

미리 버려도 괜찮은 것들
버리는 것 쉽지 않으니
미리 연습해야 할 것들

추락한 천사

부러진 날개
중력에 끌려 추락한 뒤 줄곧
나는 지상의 노숙자로 산다.

굼벵이 연어 하이에나 숲이 한 뼘씩 잘려 나가도
神의 섭리 그대로 살고
썩은 강줄기에 엉겨 붙어서
절반만 섭리대로, 절반은 배반으로
사람들은 아주 용감하게 산다.

시간이 멈추면 사람들이야 갈 곳 있겠으나
억겁의 세월을 뒤져
나의 갈 곳은 묘연하다.
아련한 고향 같은 하늘은 여전히 높고 푸르다.

구겨 쓰는 창세기

태초에 고요와 어둠이 있었고, 알 수 없는 기운이 있었으매 어느제 밝음이 있으라 하니 눈부신 빛이 찬연히 밝았더라. 하늘과 땅과 바다가 허공 중에 있으라 하니, 한 치도 틀리지 않게 그렇게 되었다. 21세기에 함께 모여 살아갈 영혼들아, 차례를 기다려 고요히 있으라 하니, 온 세월 순서 견디어 침묵하였고, 이제서야 우리는 우연처럼 만났다.

친구며, 형제며, 연인이며, 이웃이 모두 그렇게 이루고 이룬 것이라. 그러기도 함께 미움도 사랑과 더불어 섞이게 되었고, 긴 혼돈 같은 애증을 앓게 되었다. 기억하라.

우리는 태초에 함께한 자들이라. 억겁보다 큰 단위의 시간을 지나 같은 시공간에서 서로를 바라 사랑 혹은 미움으로 더불게 되었느니.

아직도 나는 삶이 서투르다

불혹을 지나 지천명
머릿속엔 온통 헝클어진 파일
겸손을 빙자한 오만이 득실대고
시간을 아끼는 척 세월을 낭비한다.

들어주기보다 말하기가 앞서고
위로하기보다 위로받기에 익숙하며
죽기를 다하여 살아야 하는 것을
살기에 집착하여 죽어 가고 있고
놓으면 가벼운데 붙들어서 무겁다.

밤하늘의 별빛은 광년光年을 달려왔다 하거늘
백년도 안 되는 초라한 달란트
머리로 이해하는 것에 앞서
서둘러 가슴으로 느껴야 할 일 많은데
몇 번씩 살아본 양 의연히 살아가는 사람들 속에
부상병처럼 나만 홀로 삶이 서투르다.

외로움은 그리움이 되고

툭 던져져 깨어진 세월
들소처럼 오만하게 살았으니
이제 겸손을 배우려 합니다.
겸손을 배우기는 쉽지 않아서
조금씩, 조금씩 외로워집니다.
외로움은 안개꽃 같은 그리움이 되고
누가 왜 그리운지 알 수가 없습니다.

끝없이, 끝없이 파노라마가 되는 그리움
보일 듯 보이지 않는 그리움입니다.
행여 그대가 나의 그리움이 되어 주시면
외로움을 버리고 그리워하겠습니다.
천년의 기다림 다해 오직 그대만을 그리워하겠습니다.

청둥오리

질 줄 뻔히 알아도
목젖이 보이도록 응원할 내 편이 있으니
이젠 안심할 수 있겠다
청둥오리, 깃털이 푸른 새
내가 어쩌다가 푸른 새가 되었을까
어쩌다가 어마어마한 빛깔이 되었을까
우리는 서로 노랑 주둥이를 부벼 깃털을 다듬고
겨울이 오기 전 북국으로 떠날 편대를 이룰 것이다
내가 어쩌다가 푸른 새가 되어서
창공을 날아가는 무리 속에 끼었을까 내가 감히
거기 섞였다는 건 고마운 일, 신나는 일
펄럭이고 있다는 것은 자랑스러운 일이다
시베리아 언 땅도 두렵지 않다
맨발로 내려서 뒤뚱거리는 걸음 부끄럽지 않아
마음 놓고 사투리를 쪼아 대야지
너는 누구냐, 청둥오리야
의기양양하게 손을 들고 흔들어야지

어느 쪽에도 들지 못해 눈치만 보는 것은 슬픈 일
질 줄 뻔히 알지라도 번쩍번쩍 손을 들고 대답해야지
청둥오리라고 이 세상 아무것도 부러울 것이 없다

도시의 유목민 1

건우기乾雨期 반복되는 아프리카 초원에서
대이동의 착오로 유라시아를 건넜다지

화석이 가르쳐 주는 아득한 과거의 일
용암 자락에 서성이던 공룡들의 발자국도 있잖아

반만년 희미해진 부족 설화 야릇하고
같은 세월 살아온 사람과 동물들의 후손

유전자의 기억이 못내 꿈틀대는가
가난한 정착이 싫어 유랑을 꿈꾸는가
네모 각진 거리로 뛰쳐나온 유목민

도시의 유목민 2

잃어버린 기억을 더듬어
초원의 길을 헤매다
네모 각진 도시에는
땅속에도 길이 뚫려 있고
하늘에도 길이 둥실 떠 있지
철마를 우르르 몰고 가는
사람들을 꾸겨 싣고 가는
고기와 우유와 털옷과
보석과 명예와 권력과
꼭 필요한 게 무언지 혼돈되고
해가 질 때 집을 나섰다가
해가 뜰 때 집으로 돌아올 만큼
제각자의 하루는 시작이 다르다

새벽에 만나는 영혼

숨 막히게 돌아가는
한낮의 도시 풍경
그때도 시간은 흐르고

고요가 드러누운
어둠의 새벽 공간
그때도 시계는 쉼 없이 돌아간다

어김없이 냉엄한 흐름

하지만
새벽의 시간 속에서는
얼핏
자신의 영혼이 보인다

한낮의 시간에는
바쁘고 시끄럽다는 이유로

영혼이 숨어 버리는 것일까
자신의 영혼을 보고 싶으면
가끔은
짙은 새벽에 깨어 있어 볼 일이다

빈센트 반 고흐

기억하는 사람들아, 나를 신앙으로 삼지 말라
고독의 교주라며 떠받들지 말라. 38구경으로 서른일곱을 완성했을 때, 충분히 살았고 넉넉히 행복했으니, 구백 점 그림 값은 허황만큼 부풀었고, 한 점의 그림밖에 팔리지 않았다는 탓으로 연민의 손짓하며 슬픈 추종을 하지 말라. 무념 그리는 해바라기 시간에 저잣거리 잡소리가 혼탁하게 시끄러워 소리 받는 귓바퀴를 잘랐을 뿐이다.

수천의 태양이 바다로 떨어져 간 뒤, 후세가 이토록 낱낱이 홀로일 줄 알았으면
고독의 경구 몇 줄은 호화롭게 써 둘 것을.

폐허를 짓다

이 길에 걸쳐 만든 웅장한 피라미드는
이제 코가 허물고 말이 잘렸는데
사람들은 여전히 피라미드를 짓는다
삼층 석탑은 위로부터 깨어지고
으스러지고 층층이 떨어져 내리고
이 터만 남았는데
사람들은 웅성웅성 또다시 십층 석탑을 짓는다
폐허처럼 변하지 않는 것은 사람들의 마음일까
짓는 것들마다 언젠가는 부서지고 깨어지고 흔들려서
끝내는 그 터만 남고
남는 그 터조차 바람결에 흩어진
이것을 모르는 변함없는 사람들의 의지지만
오늘도 세월보다 굳건한 피라미드
바벨탑보다 높은 고층탑을 짓는다
석양에 기대어 하루를 쉬는 파워 크레인

은하철도 999

이 열차를 타라, 1600년 전으로 간다.

누이의 죽음이 설워 불혹의 미관말직도 버리고
대문 앞에 버드나무를 심었던 도연명을 만나러 가노니

내 맘대로 태어나진 못했어도
영화 한 편은 내 맘대로 보며 즐기자.
조금만 더 가면 하늘의 계시로 글을 남긴
바울도 만날 수 있다.
1900년 하고도 50년을 더 가면 되느니
예수가 몰수를 당하고
예언처럼 살아나는 장면도 보자.

내 맘대로 죽지도 못하는 광대 같은 삶이라.
어차피 그럴 바엔 영화 한 편은 내 맘대로 보자.
이 열차를 타라, 은하철도 999

니체의 신神

신은 죽었다, 니체는 감히 그렇게 말했다.

니체는 신을 시험했다. 그리고 니체는 신의 섭리로 죽었다. 니체는 신에게 어리광을 부렸을 뿐이다. 교회에 간다. 교회는 절대신을 설파한다. 목사의 목소리 메마르다. 메마른 예배가 끝나고 집에 돌아온다. 신은 나를 불쌍히 여기실 것이다. 그렇게 神에게 어리광을 부리고 싶다.

산사에 간다. 무량한 목탁 소리 흐른다. 스님의 염불 소리 공허하다. 속 빈 강정 같은 합장을 한다. 신은 나를 측은히 여기실 것이다. 그렇게 신을 이러저러 시험하고 싶다. 존재存在 부존재不存在를 논할 겨를이 없다. 시작도 없고 끝도 없이 신은 존재하고 허공처럼 있는 듯 없는 듯 神은 죽었다.

그렇게 니체처럼 감히 신을 죽이고, 니체처럼 신의 섭리로 어차피 죽자. 神은 나를 불쌍히 여기시거나 혹은 고요만이 영원으로 있는 것이겠지.

4부

오늘과 헤어집니다

스스로 그대로 • 그날 이후 • 오늘과 헤어집니다 • 망향 • 휴식
오후 • 때와 곳 • 고구마 • 변장 • 길을 나서며
횡단보도에서 • 당연하지 않다 • 목적지 • 다시 오는 가을
얼마나 놀라운 생명인가 • 나는 할 말이 많다
스스로 위로하다 • 세월 먹기 • 객관의 허구

스스로 그대로

지천명의 나이
생각은 아직 떼쓰는 아이
몸도, 맘도 생채기투성이다.
단것만 먹어 쌓인 독
몸은 휘청휘청 버티고
탐욕 부려 거칠어진
마음은 여백이 없다.
어느쯤 어디쯤에
스스로[自] 그대로[然] 살겠는고.

그날 이후

그날 이후
아무런 소식 없고
침묵 같은 고요만 흐르니
나의 무슨 큰 잘못 있는지 걱정합니다.

님의 품에 안기려 하면
님 또한 내 품에 안아야 하는 걸 깨달아
이제사 겁먹고 안절부절못합니다.

금싸라기 같은 시간이 흘러
후회조차 소용없을 때
그때서야 기별하려는지요.

봄꽃이 무수히 피었다가
속절없이 흩날리고
이 여름은 검푸르게 무성합니다.

낙엽 지는 가을이
또한 멀지 않았습니다.

오늘과 헤어집니다

어느 먼 옛날에
아주 먼 미래였던 오늘입니다
오늘도 그런 오늘과 헤어집니다

헤어진 오늘이 어제가 되어
마술 같은 상자 속에 영영 갇혀 버리면
또 다른 시간이 매 맞을 아이처럼 묵묵히 다가와
항구처럼 이별하는 오늘이 됩니다

그런 오늘과 주저 없이 헤어지는
습관처럼 헤어지는 스스로가 참 놀랍습니다

망향

반도의 허리
허리띠 동여맨 자리에 망배단이 있지.
쉬 가고 오지 못하는 날들
아픈 세월 달래려 큰절을 하면
메마른 탄식마저 사그라든다.

수몰된 향촌 자리
남새밭 초가집은 물에 잠기고
호수에 빠진 산자락에 망향비가 있지.
전설이 된 고향 이야기
수장水葬의 순간을 잊으려 합장을 하면
가난했던 행복마저 희미해진다.

아득히 스쳐 버린 세월 자리
문득 돌아보면 갈증 같은 망향이 있지.
돌아갈 수 있어도 돌아갈 수 없는 고향
날마다 옷가지 짐만 챙기고
밤마다 쓸쓸한 마음만 챙긴다.

휴식

다음 계절을 위하여 저렇게 벗는구나.
계절의 뒷모습을 말없이 바라보다.
가을이 가고 서툰 겨울이 서걱대는 그 자리에
아직 노랑과 빨강이 질척이고
새내기 겨울이 옹알이를 한다.
흉내는 모든 비밀을 언어로 완성한다.
숲속의 학교에서는 내내 흉내만 가르쳤고
빨리 어른이 되고 싶었기에
콕콕 담배를 피워 어른이 되었고
장가가는 것도 흉내는 냈지.
말해서는 절대 안 되는 보통의 비밀을 기어이 누설하고
그러나 이제는 그만 쉬고 싶어
꼭꼭 숨어서 아무도 모르게 술래의 처지를 바라보고 싶지.

오후

풍뎅이 잉잉, 질경이 뜯어 김치 담그고
흙모래 씻어 밥 안치고, 노오란 망초 계란구이
강아지풀도 맛나게 구워 놓을게.

이제 넌 일하러 갔다가
지친 모습으로 돌아오는 거야.
댕겨 오겠소.
응 조심히 댕겨 오세요.

담쟁이 돌담길 돌아
쭈그린 채 저물녘 기다리다 깜박 잠이 들고 말았다.
그 애는 아직도 지아비를 기다리고 있을까.

때와 곳

나는요 곳을 정했습니다.
때는 내가 정할 바 아니어서
곳만 정했습니다.
그리고는 곳에서 때를 기다렸다가 후회라든가 지나간 절망을 다듬고 잘못된 사랑도 다독이려 합니다.

때가 곳에 찾아오면 기꺼이 때를 맞이하고 그 때가 떠나가면 훌훌 잊을 수 있으려고 합니다. 내가 정할 수 있는 것은 곳뿐 곳은 그렇게 유일하게 내 것입니다.
오로지 내가 정할 수 있는 것이 곳일 따름이기 때문입니다.

고구마

학교를 마치고 허기져 돌아오면 아무도 없는 집
바람 한 줄기 지푸라기 물고 빈 마당에 돌고 있다.
책보자기 팽개치고 배는 고픈데
식은 고구마 몇 개
목이 멜라 시디신 무청김치에 먹는다.
딸꾹질 멈추려 샘물 한 바가지 들이키면
고구마 배 한껏 부르다.
파란 하늘이 보인다.

쌀밥 한 그릇 소복하게 먹고 싶었다.
고향에 돌아가 홀로 암 투병하며
육 년째 농사짓는 친구가 고구마를 보내왔다.
고구마가 건강에 참 좋다네.

고구마 먹을 생각을 하니 목이 멘다.
시디신 무청김치도 없고

변장

집을 나서기 전 거울 앞에서 오늘의 변장을 점검한다. 수염을 깎았으니 민둥민둥한 턱주가리 숱이 적어진 머리칼을 슬쩍 옆으로 튕겨 빗질하니 그럭저럭하다.

싸구려 남방에 자색 자켓을 걸치고 독한 스킨로션으로 냄새는 충분히 역하다.

오늘은 굽이 삐딱하게 다 닳은 구두를 신어 보자. 영락없이 남들은 나를 눈치채지 못할 것이다. 음흉한 속내를 절대 들키지 말아야 하므로

약삭빠른 거래업자와 영악한 수다쟁이 식당 아줌마 동네 약국 대머리 약사도

노련하게 늙어 가는 고향 친구들도 여전히 나를 알아보지 못하지.

수천 번 나의 변장술은 들킨 적이 없다. 거울 속의 현관문을 열고 집을 나서면 지금껏 누구도 나를 알아보지 못하였으니 나의 변장술은 얼마나 탁월한가.

거리를 활보하며 지나는 사람들에 나를 들키지 않는다는 것은 아슬아슬 참 기분 묘하지. 날이 저물어 허겁지겁 현관문을 밀치고 들어와 신데렐라 본래의 모습으로 널브러지기 전까지는

길을 나서며

길이 처음 생겨났을 때는
걸어서 하루 만에 다녀올 수 있는 거리였을 것이다.
천천히 걸어서도 하루 만에 돌아올 수 있는
길은 점점 갈증으로 붐비고 무모한 자들이
새롭고 먼 길을 헤쳐 나가기 시작한 것이다.
예를 들어 콜럼버스처럼

막다른 곳에서도 길은 또 열리고 분화되어
우거진 미로가 되었고
사람들이 각자의 삶을 채집하거나 혹은
그리움을 찾아 나섰다가 길을 잃기도 한다.
길가에 늘어선 장승들
저것은 돌아가지 못하고 길에서 죽은 자들인가.
그러고 보면 누구나 예외 없이
길에서 길을 잃고야 마는 것인지 모른다.

오늘도 길을 나선다.

돌아와 현관 앞에 서면
낯익은 어둠이 먼저 와 살가운 미소를 지으며
변함없는 격려를 해 줄는지는 알 수 없다.

횡단보도에서

사람들의 무릎 아래에 시선을 맞추고
허락된 짬을 건너는 분주한 발들의 거래를 본다
이쁘거나 투박하거나 크거나 작거나
발바닥 조금씩 보여 주며 처덕처덕 걷는
저 발들이 마침내 다다를 곳이 궁금하다

시장에 가려고
버스를 타려고
집에 가려고
친구를 만나려고
잰걸음이 걷고 혹은 헛걸음이 걷고

걸음마부터 여기까지
걷고 걸어
반백의 횡단보도에 이르러 나는
걸어야 하는 이유를 영영 까먹어 버렸다
나보다 먼저 내 발이 앞서 걸어가고 있다

당연하지 않다

내가 세상에 태어나서 아이를 낳았다.
아이는 건강하게 자라고 말을 배우고
반에서 삼등을 한다.

암캐가 새끼를 배고 장차 젖을 먹이기 위하여
젖꼭지 주위의 털이 벗어진다.
새끼들이 꼬물꼬물한다.

벚꽃이 팝콘처럼 소리치며 터지는데
그야 봄이라서 그렇다고 당연하다고
사람들이 말한다.

목적지

철길은 어둠에 젖어 촉촉하다
시련을 슬그머니 미끄러지는 열차
미역 같은 현기증
그리고 덜컹덜컹 느리게 빠르게 더 빠르게
조용한 자리와 떠들썩한 자리는
서로의 적당한 눈치로 자리를 잡았고
일정하게 요란한 동그라미
동그라미, 동그라미
일단의 안심에 스르르 눈이 감기면
세상이 온통 하늘로 솟구친다
땅속으로 처박힌다
사람들은 꿈결에
열차가 달려가는 방향을 잊은 지 오래
제각기 다다를 곳이 다른 앞으로 혹은 뒤로 가는
나는 지금 앞으로 가는가, 뒤로 가는가
나의 목적지는 뒤에서 올까 앞에서 올까
내려야 하는 칠흑의 시각을 싣고 흔들리고 있다

다시 오는 가을

해마다 가을은 설악의 대청봉에서 내려오기 시작한다. 오대산에서 서툰 휴식을 취하고 숨 가쁘게 치악을 돌아 월악을 물들이지. 동서쪽으로 눈길을 주다가는 속리산에 기꺼이 스며들고 아침 일찍이 대둔산으로 내달린다.

작년에도 가을은 그랬다. 내장산 백양사 앞 연못에서 손을 씻던 가을, 여름날의 흔적을 후후 불어 내고 있을 때, 뒤늦게 가을의 작태를 알아차렸다. 다시 오는 가을은 살아 버린 절기 중 몇 번째의 가을인지 헤아리기 어렵고, 살아갈 날들에는 몇 번의 가을이 더 있을지 몰라, 친구의 딸아이 혼사에는 축전만 보내고 기어이 가을 마중을 나서야겠다. 한계령 오색쯤에 길목을 지켜 틀림없는 가을을 만나야지.

얼마나 놀라운 생명인가

겨울 사이 붓대처럼 말라 버린 난 한 포기
여름을 지나오며 초록을 늘어뜨렸다.
은은한 꽃 한 송이도 피어났다.

아, 생명이란 얼마나 놀라운가요.
사람이 감탄하며 나에게 말했다.
그래요, 참 놀라운 일이군요.
생명이 또 다른 생명을 바라 놀라워하는 일

나 또한 생명이다. 놀랍다.

나는 할 말이 많다

잠자코 너의 말을 듣다가도
끝내 참아 내지 못하고 내 말을 한다.

생각이 여물지 못하다는 걸
금방 들켜 버린다.

돌아서서 후회하면서도
스스로에게 변명하는 혼잣말을 한다.

그렇게 말이 많았던 날
밤이 깊도록 입이 떫다.

스스로 위로하다

무디어진 가슴이라 무디기만 할까
넘어진 마음은 절통이어도
하소연한들 메아리도 없을
그냥 견디어 낸 시간이 세월이 되었다.
그래, 나야 그걸 알지.

텅 빈 가슴이라 비어 있기만 할까.
할퀸 자리 빈 소리로 쓸쓸해도
벗조차 온전히 느껴 줄 리
그냥 흘려보낸 세월은 허공이 되었다.
그래, 내가 그걸 알지

어차피 홀로 이겨 내야 할
누군가의 위로조차 허허로울
그래서 무디어지고 비어 있었다
그래
나는 그걸 알지

처음부터 끝까지
나만 그걸 알지

세월 먹기

기축년 소牛 한 마리 반 토막 남았네
작심삼일 굳은 목표 오간 데 없이
허겁지겁 세월 먹고 배설만 하였구나
저마다의 정량을 식판에 담아
서서히 불러오는 포만감 즐기다
어느새 먹어 치운 소 한 마리 반 토막

산야는 꽃피워 열매를 익히는데
반백의 머리는 비겁을 배우네
게걸음질 치면서 세월 먹기 하느니

객관의 허구

장기판의 옆은 묘수가 잘 보여서
가끔은 뺨을 맞지
네가 청이고 내가 홍이어서
서로 끙끙대지만
옆자리는 언제나 가볍게 묘수를 찾지
청홍 당사자도 아니고

내기 부담도 없어서일걸
아니면 말고……이기 때문일 수도
말 많은 세상에
언제나 너는 청이요 나는 홍

답답하기 한없어
성급히 객관이고 싶으나
영원히 객관은 불가해
청은 청이요 홍은 홍일 뿐이지

 **고재갑 시인의 시를 읽다**

하나님, 당신의 낙원에 이 시인을
받아 주소서

고재갑 시인의 시집을 엮는다. '축하한다'는 말은 너무 흔해서 우리의 진정이 담길 수 있을까 의심스럽지만, 그래도 우선 축하한다는 말부터 해야 할 것 같다. 그가 생존해 있을 때 시집이 나왔다면 얼마나 좋았을까? 그는 내일도 약속할 수 없는 위중한 병상에서 열심히 시를 정리하였고 시집 출판을 위해 마음을 썼다. 시집 제목은 무엇이라고 할 것인가, 몇 편을 어떻게 실을 것인가까지 구체적으로 생각하여 내게 알려주었다.

내가 그를 만난 것은 2010년 한국사이버대학교 문예창작과에서였다. 나는 당시 호남대학교에서 정년 퇴임을 마친 다음, 예상하지 않았던 한국사이버대학교 초빙교수로 문예창작과의 시 창작을 비롯한 몇 과목을 강의하고 있었다.

고재갑 시인은 문예창작과 수강생으로서 내 강의를 듣고 있었는데, 시에 대한 열정이 특별하다는 것을 알 수 있었다. 사이버대학교는 말 그대로 인터넷 영상으로 만나는 사이버 강의지만 한 학기에 몇 번, 오프라인으로 모이는 기회가 있는데 거기서 고재갑 시인을 처음 보게 되었다.

그는 내가 한국사이버대학을 사임한 후에도 가끔 연락을

주었고 내가 운영하는 인터넷 문학 카페 '문학의 숲, 연지당 사람들'에도 가입하여 나와 수시로 문학적인 교류를 이어왔다.

문학을 사랑한다고 주장하는 사람들 중에는 '문학'보다 '문인'이 되는 것을 선호하고, 좋은 시를 쓰는 데 마음을 두기보다는 시인이라는 타이틀을 얻는 데 정신을 쏟는 사람들이 많다. 그러나 고재갑 시인은 시 앞에서 겸손하고 단정하였다.

고재갑은 2016년 4월 월간 〈창조문예〉에 나의 추천을 받아 시인의 반열에 올랐다. 그의 작품은 어느 것이나 수준이 고르고 완성도가 높았다. 그리고 시를 쓰는 그의 자세는 시인으로서 갖추어야 할 덕목을 갖추고 있었다. 무엇보다도 문학을 바라보는 고재갑 시인의 마음가짐이 순수하였으며 경건에 가까울 만큼 성실하고 진지하였다. 나는 그를 시인으로 내세우면서 다음과 같은 추천사를 썼었다.

> 고재갑과 시를 논하고 문학을 이야기해 온 지 여러 해가 되었다. 그 여러 해 동안 그는 끊임없이 시 창작에 열정을 쏟아 왔다.
> 그러나 그는 시단에 나서는 일을 계속 사양하였다. 굳이 시인이라는 이름을 얻지 않아도 계속 시를 사랑할 수 있다는 것이었다. 생각이 깊은 시인만이 할 수 있는 말이다.
> 시를 바라보는 그의 정신과 시선이 매우 진지하고 정결하며, 시를 사랑하는 한결같은 마음이 있으니 반드시 좋은 시인이 될 수 있으리라 믿는다.

오늘 읽은 그의 시 20여 편도 경중을 따질 수 없을 만큼 고르고 반듯하지만, 〈청둥오리〉, 〈숲, 드러나다〉, 〈심부름〉, 〈날이야 궂든 말든〉, 〈횡단보도에서〉 등 몇 편을 순서 없이 선별하였다.

그의 시는 우리가 날마다 부딪히는 일상생활에서 포착한 일들을 쉬운 말로 표현하였다. 쉬운 말로 표현했다 함은 가볍다는 말과 다르다. 그는 거기 중후한 철학을 함축해 내었다. 과장도 하지 않았으며 부적절한 견인도, 인위적인 수식도 쓰지 않았다. 그의 시를 읽는 독자들은, 생각을 시적으로 구성하는 시인의 마음, 생활을 시적으로 분석하는 시인의 생각, 그리고 시적으로 살려는 시인의 특별한 의지와 만날 수 있을 것이다. 오늘 그의 이름을 불러 문단에 세우면서 마음이 참 흐뭇하다.

그러나 그는 너무 일찍 세상을 떠났다. 오래 소식이 없어도 무소식이 희소식이겠지, 마음 편하게 생각했는데 지난해 11월 24일 고재갑 시인이 보낸 장문의 이메일을 읽으면서 나는 전신의 기운이 쏙 빠져나가는 것 같은 절망감에 싸였었다. 간담도에 악성종양이 자라고 있다는 진단을 받은 지 한참 되었다는 것이었다. 아무에게도 알리지 않았지만 나한테는 알려야 할 것 같아서 알린다고 하였다.

생활환경이 악화되었기 때문인지 우리 주변에 암이 많아지고 이제는 그것을 다스리고 길들이며 살면서도 희망을 잃지 않는다고, 너무 긴장하거나 속상해하지도 말라고 일부러

담담한 어조로 답장을 보냈다. 그리고 한 달 후에 그는 '연지당 시 낭송회'에 참석했다. 그날은 마침 동짓날이었는데 기동하기 어렵지만 얼굴이라도 보이려고 온 것 같았다. 얼굴이 몹시 야위고 안색이 좋지 않았으며 기운도 없어 보였다. 극심한 고통과 절망 가운데서도 틈틈이 시집 원고를 정리한다고 하였다. 시집을 내겠다는 의지의 표명이었다. 그날의 그 모습이 내가 본 마지막 모습이 될 줄은 몰랐다.

그날 그는 저녁 식사도 하지 않고 귀가하였다. 좀더 시간을 내어 오래 이야기할걸, 후회가 된다. 그의 병세는 너무나도 빨리 진행되었다. 2019년 3월 10일 그가 호스피스 병동으로 옮긴 지 3주가 되어 간다는 메일이 그의 둘째딸인 다현 양에게서 왔는데 뒤를 이어 3월 19일 새벽 5시에 운명하셨다는 소식이 왔던 것이다.

그의 장례식장에 갔을 때 조문객을 맞는 입구 테이블에 앉아 있던 분이 노트를 펼쳐 보이면서 "고인의 시집이 곧 출판되는데 받아 보고 싶으신 분은 여기에 확실한 주소를 적어 주십시오"라고 하였다. 유가족들, 특히 두 딸과 사위가 고인의 뜻을 받들어 시집 출간에 열의를 내고 있다는 것을 알 수 있었다.

만일 고재갑 시인이 건강한 몸으로 첫 시집을 발간한다면 우리는 지금 얼마나 화려한 축제의 분위기를 만끽하고 있겠는가. 마지막으로 남기고 가는 그의 노래, 그의 사랑이면서 자존심인 시를 묶고 있는 마음이 참으로 쓸쓸하고 안타깝다. 그러나 어찌하겠는가, 고재갑 시인의 시 몇 편을 함께 읽으면서 그의 육성을 들어보자.

너무 늦지 않은 시간, 아직은 길거리에 사람들이 오가는 시간, 그때쯤이 도착하기에 참 좋을 것이다. 나는 심부름을 가고 있다. 작은 보퉁이에 뭐가 들어 있을까. 철없는 아이처럼 발부리에 걸리는 돌멩이를 걷어차면서 간다.

집을 나설 때는 제법 단정한 차림이었다. 장터를 지나며 하릴없이 고개를 기웃거리고. 모두가 낯설고 모두가 정겨운 것이 이상했다. 동무가 생겨 마음이 즐거웠다.
별말 없었어도 내 마음을 다 이해해 주었고, 나 또한 그를 알 수 있었다.
가볍게 헤어질 수 있어서 더욱 좋았다. 다시 만날 수 있으리라는 기분으로 헤어졌기 때문이다. 한낮이 되어 참 더웠지만 힘들지는 않았다. 삭정이 같은 소나기가 쏟아지더니, 시방은 세차게 바람이 분다. 금방 잠잠해질 거라고 믿으면서 걷는다.

지금 나는 누구의 심부름을 가고 있는 것일까. 왜 처음부터 그런 생각을 못했을까. 어쨌든 가야 한다. 도착할 즈음은 역시 너무 늦지 않았으면 좋겠고, 산들바람이 불어서 슬픔과 어우러지지 않았으면 좋겠다. 시간이 없으므로 누구의 심부름인지, 무슨 심부름인지도 궁리해 보아야겠다.

-〈심부름〉 전문

〈심부름〉은 고재갑 시인의 데뷔작 중의 하나이다. 나는 이 시를 읽으면서 우리가 살아가고 있는 이 지상에서의 하루하루가 절대자의 뜻을 수행하고 있는 것이 아닐까 하는 생각이 들었다. 그 심부름은 반드시, 그리고 정확하게 이행해야 할 매우 엄중하고도 지대한 사명이요 명령이라는 것, 보따리를 들고 가면서도 그 안에 무엇이 들어 있는지를 모르면서 들고 가고 있는 것이 우리의 삶이라는 것을 깨닫게 된다.

시인은 함께 살아가는 사람들이 "모두가 낯설고 모두가 정"겹다고 하였으며, "동무가 생겨 마음이 즐거웠다. / 별말 없었어도 내 마음을 다 이해해 주었고, 나 또한 그를 알 수 있었다"라고 하였다. 동행자를 대하는 시인의 품성을 짐작할 수가 있다.

"집을 나설 때는 제법 단정한 차림이었"지만 길을 가면서 흐트러지고 걷다가 더워서 고생스럽기도 하며 때로는 바람이 불기도 하고 소나기가 쏟아지기도 하는 날씨. 그것이 우리의 인생 역정이 아닐까 한다.

시인은 자신이 이행하고 있는 심부름이 절대자가 시킨 일이라고 표명하지 않았다. 그러나 시의 3연에서 "지금 나는 누구의 심부름을 가고 있는 것일까" 하고 시인은 스스로 의문을 제기하고 있다. 아무런 회의도 망설임도 없이 당연히 해야 할 것으로 알고 진행하는 심부름, 시인은 그 심부름의 가치와 의미를 음미하고 있다. 그리고 뒤늦게야 "왜 처음부터 그런 생각을 못했을까" 자문한다. 그러나 "어쨌든 가야 한다"는 것을 알고 있고, "도착할 즈음은 역시 너무 늦지 않았으면 좋겠"다고 생각한다. 누구의 심부름인지는 몰라도 이왕에 심부름을 하기로 했으면 착실하고 분명하게 해내야 한다는 본심을 밝힌 것이다.

"시간이 없으므로 누구의 심부름인지, 무슨 심부름인지도 궁리해 보아야겠다"라고 한 대목에서 나는 고재갑 시인의 종교관에 대해서 생각하게 된다. 그는 시에서 신神이라는 어휘를 여러 번 사용하고 있다. 그는 신이라는 말 대신에 '하나님'이라는 말을 쓰지 않았으며 부처님이나 또 다른 종교적 구심점이 되는 대상의 명칭도 쓰지 않았다. 그냥 통합한 일반적인 절대의 힘을 '신'이라고 명명한 것이다. 시인은 인간으로서 절대자의 위상에 대항하거나 부정하는 자세를 보이지 않았다. 그의 자세는 순종적이며 오만하지 않았다. 인간이 얼마나 무력한 존재인가를 알기 때문에 심부름을 착실하게 하려고 하고 칭찬받을 수 있게 빈틈없이 해내려고 한다.

그는 〈니체의 신〉이라는 시에서 니체가 감히 "신은 죽었다"고 말한 것은 하나님을 시험하려고 한 것이라고, 그만큼 그는 하나님께 어리광을 부리고 싶었을 뿐이라고 말한다. 그리고 자신도 교회에 가서 목사의 메마른 목소리를 듣고 집에 돌아와서는 신은 나를 불쌍히 여길 것이라고, 나는 신께 어리광을 부리고 싶었던 것이라고 고백한다. 그는 산사에도 간다. 그러나 마음을 채우지 못하고 돌아오곤 하였다.

바르게 살고 깨끗하게 살려는 사람들 중에 고재갑 시인과 같이 어느 종교와도 무관하게 견고한 자아의 성을 쌓고 있는 사람들이 적지 않은 것 같다. 나는 이 글을 쓰면서 내가 좀더 적극적으로 그를 하나님 앞으로 끌어들이지 못했다는 것을 깨달았다. 아무리 단호한 반응을 보였을지라도 내가 더 뜨겁게 열성을 쏟아서 그를 인도하고 안내하지 못했던 것은 큰 잘못이다. 깊이 후회한다. 나는 지금 늦었어도 그를 하나님께 부탁하고 있다.

하나님, 당신의 낙원에 받아 주소서. 당신 앞에 쑥스러워하면서 어리광을 부리는 이 시인을 받아 주소서.

> 내가 어쩌다가 푸른 새가 되었을까
> 어쩌다가 어마어마한 빛깔이 되었을까
> 우리는 서로 노랑 주둥이를 부벼 깃털을 다듬고
> 겨울이 오기 전 북국으로 떠날 편대를 이룰 것이다
> 내가 어쩌다가 푸른 새가 되어서
> 창공을 날아가는 무리 속에 끼었을까 내가 감히
> 거기 섞였다는 건 고마운 일, 신나는 일
> 펄럭이고 있다는 것은 자랑스러운 일이다
> 시베리아 언 땅도 두렵지 않다
> 맨발로 내려서 뒤뚱거리는 걸음 부끄럽지 않아
> 마음 놓고 사투리를 쪼아 대야지
> 너는 누구냐, 청둥오리야
> 의기양양하게 손을 들고 흔들어야지
> 　　　　　　　　　　　　　－〈청둥오리〉 일부

각자는 현재의 나에게 만족하고 있는가? 무엇인가 스스

로 떳떳하지 못한 점을 생각하면서 위축되어 있는 것은 아닌가? 대체로 우리는 현재 자신의 모습에 만족하면서 자랑스럽게 여기지는 않는다. 만일 만족하면서 자랑스럽게 여길 경우는 우월감과 자존감으로 타인의 어떤 충고도 받아들이지 않고 오만에 차 있을 수도 있다. 그러나 인간인 우리는 자신을 객관화하는 일에 능숙하지 않다. 만일 객관화할 수 있을지라도 무엇인가 자신에게서 부족감을 느끼게 되는 것이 보통이다. 심리학에서는 인간은 누구에게나 열등감이 있으며 그 열등감이 자기혐오감과 더불어 타자에게 부정적인 영향을 끼치고 있다는 것을 지적하기도 한다.

위의 시에서 화자가 된 청둥오리는 청둥오리인 것이 자랑스럽다. 그는 자신이 가지고 있는 푸른 깃털과 노랑 주둥이를 사랑하며 그 모습으로 공중을 날 수 있다는 것에 늘 마음이 뿌듯하고 어느 누군가에게 고마운 것이다.

"겨울이 오기 전 북국으로 떠날 편대를 이룰 것"을 생각하면 비록 그곳이 얼어붙은 시베리아 땅이라 할지라도 두렵지 않고 신이 난다. 맨발로 내려서 뒤뚱거릴지라도 그 걸음이 부끄럽지 않으며, 마음 놓고 사투리를 쪼아 댈 수 있다는 사실이 기쁜 것이다. 그러나 화자는 자신이 청둥오리이기 때문만은 아니다. 청둥오리가 아니라 그보다 훨씬 못한 그 어떤 것일지라도 자신을 받아들이고 사랑하면서 자랑스러움을 찾아낼 것이다.

화자는 누가 "너는 누구냐" 물어도 "청둥오리야" 의기양양하게 대답하면서 뿌듯한 존재감으로 손을 들고 흔들 것을 스스로 다짐한다. 스스로를 사랑하지 않는 자는 어느 누구도 사랑할 수 없다. 그리고 자기의 존재를 긍정하지 않고서는 그 어떤 것도 긍정할 수가 없으며 그 주변은 냉랭하고 어두울 것이다.

   그런 의미에서 시인 고재갑의 자기애와 자기긍정은 생명의 능력을 양육할 수 있는 가능성의 온상이었다. 그는 문학 사랑에 못지않게 고향을 사랑하였다. 그가 자신의 닉네임을 '나로'라고 한 것도 그의 출신지인 남쪽 섬, 나로도를 내세우기 위함일 것이다.

> 청마루에 걸어 두고 삼 년도 넘게
> 깡마르고 마른 옥수수 씨앗
> 올해는 기어코 잊지 않고 봄밭에 심었더니
> 늦은 약속을 지키듯이 여린 이파리를 내놓는다
> 생명도 메마르고 뭉개졌을까
> 삼 년 세월도 스러지고 바스러졌을까
> 조바심이 안개처럼 스러지고
> 소리 없는 탄성이 들림에
> 나도 모르게 다소곳이 두 손이 모아진다
> 여린 이파리들도 일제히 손짓을 한다
> 감당할 수 없는 신비의 손짓들
> 그저 두 손 모으고 기도할 뿐이다
>   –〈생명에 대한 예의〉전문

어떻게 하는 것이 '생명에 대한 예의'를 지키는 것일까? 엄연한 생명을 대면하면서도 그것이 생명이라는 사실을 망각하고 있다면 예의가 아니다. 생명에게는 생명이라고 인정해 주어야 하며, 그에 맞는 역할과 자유를 주어야 한다. 그리고 그가 성취해 가는 과정과 결과를 기다려 주어야 하며, 할 일을 제대로 할 수 있도록 환경을 조성해 주어야 한다.

옥수수 씨앗을 생명으로 인정하고 예의를 다하려면 그것이 싹이 트도록 해 주어야 한다. 그러나 그것을 묶어 두고 3년이나 바라보기만 했다면, 그것은 생명에 대한 예의가 아니었다.

생명은 조건만 된다면 침묵하지 않는다. 씨앗과 함께 마르고 뭉개진 시간 3년 세월. 망각과 함께 스러지고 바스러졌을 생명. "늦은 약속을 지키듯이 여린 이파리를 내놓는" 청마루에 걸려 있던 옥수수 씨앗이 드디어 거기서 생명임을 증언하듯이, 잎이 피어나고 손짓을 할 때 시인은 그 생명의 위대한 힘 앞에 두 손을 모으고 기도하였다.

고재갑 시인의 시 가운데에는 생명을 옹호하고 자연을 옹호하는 작품들이 많이 보인다. 시인은 자연을 '스스로[自] 그대로[然] 사는 일'이며 억지 부리지 않는 삶이라고 해설하고 있다. 그러므로 고재갑 시인은 삶을 탐욕스럽게 부풀리거나 무리하게 대응하지 않으며, 그것은 죽음의 바로 곁에 있는 친숙한 것이라고 생각한다.

그의 시에 '이별', '헤어짐', '죽음'이라는 어휘들이 많은 것도 우리에게 자신의 생사관에 대한 일면을 보여 주는 것이라고 하겠다. 그는 죽음이 이별이나 헤어짐과 크게 다를 것이 없다고 생각한다.

"어줍지 않은 어른이라 / 꺼억꺼억 울지는 못한다 / 낭떠러지 같은 절망 앞에서 / 겉도는 밧줄은 던져 주지 마라. / 죽음 같은 고요가 차라리 안식인 것을"(〈누가 더 슬픈가를 따지지 마라〉)이라고 시인은 죽음이 안식을 허락하는 고요라 여기며, "천둥 치고 비가 내리면 / 칠흑의 밤을 빌어 생명들이 자란다. / 잠시도 쉬지 않고 / 또한 생명들은 죽어 간다. / 그저 감탄하고 감동하라. // 그 다음이 기도할 차례이기 때문이다"(〈함부로 기도하지 마라〉)라고 하여 죽음이 자연의 한 과정인 동시에 질서라고 인식한다.

죽음을 어둠이나 절망, 공포와 연결하는 대신 삶을 부여받은 생명이 받아들이지 않으면 안 될 사명으로 여긴다. "죽기를 다하여 살아야 하는 것을 / 살기에 집착하여 죽어 가고 있고 / 놓으면 가벼운데 붙들어서 무겁다"(〈아직도 나는 삶이 서투르다〉)고 생각하는 것이 그것이다. 그는 죽음이 삶을 진행하는 엄숙한 과정으로 이해하면서, "내 맘대로 죽지도 못하는 광대 같은 삶이라. / 어차피 그럴 바엔 영화 한 편은 내 맘대로 보자. / 이 열차를 타라, 은하철도 999"(〈은하철도 999〉)라고 노래하는 시인은 대범하고 화통하게 죽음의 세계를 받아들이고 있다. 고재갑 시인은 편안한 마음으로 하늘나라에 갔을 것이다. 그가 죽음은 삶의 또 다른 형태이며 질서라고 여기기 때문이다.

끝으로 고재갑 시인의 산문 한 편을 소개하면서 이 글을 맺으려고 한다.

흔히 시인들 중에는 산문을 쓰는 능력에서 신뢰를 받지 못하는 경우가 많다. 필자는 인터넷 카페 '연지당 사람들'에서 고재갑 시인이 쓴 수필 한 편을 읽었다. 물 흐르듯이 자연스럽고 선명한 글이다. 고재갑 시인을 더 잘 이해하고 사랑하게 하는 자료라고 생각되어 여기 함께 수록한다.

덕적도에서 나로호를 쏘아 올리다
– 2012년 10월 '연지당 사람들' 모임을 다녀와서

고재갑

나로도는 남해안에 있는 해안선이 유난히 아름다운 섬이다. 우주선 나로호 발사 기지로 세상에 알려지기 전까지는 이름 없는 섬이었다고 해도 무방하다. 그 섬에서 함께 자란 친구 하나가 오대양을 누비며 마도로스로 젊음을 불태웠고 끝내는 서울 강남의 부호가 되었다. 그런데 그 친구가 죽었다. 뇌종양으로 1년여의 투병 끝에 세상을 떠난 것이다. 10월 24일, 전국에서 모여든 친구들이 그의 죽음을 슬퍼하며 밤늦도록 장례식장을 지켰다. 10월 26일은 그 장례의 발인식이 있는 날이었다. 친구를 기리는 추도 글을 써서 영전에 바치면서도 머리가 복잡했었다. 다음날은 덕적도 1박 2일이라는 '연지당 사람들'의 행사에 참여하겠다고 오래전에 약속했기 때문이다.

"나로님, 어디쯤 오고 계세요?"

처음 듣는 연지당 총무 전민정 님의 목소리가 낭랑하다. 만남의 장소인 연안부두로 가는 택시 안에서 아직도 나의 결정이 옳은 것인지 분명하지 않았다. 처음 대하는 사람들과의 자리는 언제나 쑥스럽게 마련이다. 때마침 점심시간이어서 우거짓국에 쑥스러움도 함께 말아 어색한 식사를 마쳤다.

한 시간여를 항해하는 덕적도행 여객선에 오르자 우리는 슬슬 자연스러워졌다. 뒤따르는 갈매기들의 수다스러움 사이로 가을 하늘이 청명하게 보였다. 내일이면 저 하늘 높이 우주선 나로호가 통쾌하게 치솟을 것이다. 솟아오르는 우주선을 바라보며 친구의 장례식을 대신하기로 작정하자 마음이 좀 편안해졌다. '친구여, 세상의 모든 미련 떨쳐 버리고 자랑스러운 나로호에 편승하여 자유롭게 날아오르라.'

섬 특유의 비릿한 냄새가 풍기는 해안가의 펜션에 다다르자 섬 출신인 나의 모든 언어가 통할 것 같은 안도감이 들었다. 비로소 일행의 면면을 슬금슬금 살폈는데 웬일인지 오랜 지기 같은 느낌이 들어서 혼자 피식 웃고 말았다.

행사가 시작되고 교수님의 러시아 시 낭송회 경험담을 들을 때부터 참석자 모두는 진지해지고 있었다. 자리는 조촐하였고 편안한 분위기였다. 한 사람씩 돌아가면서 시 낭송을 할 때는 개성이 뚜렷한 각자의 분위기에 압도당하고 있었는데 나 말고도 누군가는 내가 얼마나 심취해 있는지를 눈치챘을 것이다.

임혜정 님의 매끄러운 암송, 전해주 님의 감동적인 수필, 이은영 님의 적극적인 모습, 아, 전민정 님은 프로 낭송가가 아닌가! 격조 높은 교수님의 시 구절, 김행숙 시인은 아직도 수줍은 여대생의 자태였고, 장하지 시인에게서는 들꽃 향기가 났다. 장난기가 살짝 돌던 송영란 님과 이윤수 님이 진지하게 시 낭송을 마치자 나는 내심 불안해졌다. 나 혼자 변방에서 온 이방인 같은 느낌이 들었던 것이다. 그동안 글공부를 한다고는 했지만 참 안이한 수준에 머물고 있었구나, 싶었다.

글을 쓰되 치열하게 쓰라던 어느 교수님의 말이 생각났다. 그뿐이랴. 시를 쓰기 이전에 시를 극진히 사랑하라는 이향아 교수님의 말씀은 총론이며 결론이었다. 내가 지은 졸작 한 편도 암송하지 못하는 자괴감이 밀려왔다. 하지만 이 자리에 참석하기를 잘했다는 생각이 들었다.

전문 문학가의 길을 가지 않더라도 시를 극진히 사랑하지 않고 어설픈 자세로 시를 쓴다는 것은 얼마나 우스꽝스러운 일인가.

무수한 별들과 달빛이 쏟아지는 바닷가. 갑자기 전민정 님이 윤동주의 〈별 헤는 밤〉을 낭송하기 시작했다. 주위는 온통 적막이 드리워지고 별빛과 달빛에 부딪히며 어둠 속으로 튕겨져 나가는 고운 음성의 시어들, 전혀 연출되지 않았던 즉흥적 감동은 결코 사소하지 않아서 오래도록 기억될 것이다.

다음 날, 우리는 섬 전체를 자동차로 일주하고 만족스러운 마음으로 돌아오는 배에 올랐다. 짧은 시간이었지만 두고 두고 잊히지 않을 추억거리를 그 섬에 남겨 두고 오는 감회가 어찌 나쁜이었을까.

그날 나로호는 예정대로 발사되지 못하였다. 그러나 내 가슴속의 작은 우주선 나로호는 아름답게 쏘아 올려진 셈이다. 시를 사랑하는 분들과 더불어 시를 더욱 사랑할 수 있게 되었고, 글 쓰는 각오를 새롭게 다졌기 때문이다.

이 시집이 출간되기 전에 고재갑 시인은 유명을 달리하였다. 그는 그 생애의 최후를 장식하듯이 이 시집의 원고를 읽고 수정하였을 것이다. 그러므로 우리는 이 시집에 기록된 하나하나의 어휘들이 그가 생명의 마지막 힘을 쏟아 발음한 것이라고 이해해야 할 것이다. 나 역시 고재갑 시인의 최후에 동참하는 안타까운 마음으로 이 글을 썼다. 출판사의 바쁜 스케줄을 뒤집으면서 고재갑 시인을 사랑하고 애도하는 마음으로 시집의 출간을 맡아 주신 창조문예사 임만호 장로님께 머리 숙여 감사를 드린다.

2019년 3월 14일
이향아

나로 시집
하루가 일생이다

초판 발행일 2019년 9월 20일

지은이 고재갑
펴낸이 임만호
펴낸곳 창조문예사
등 록 제16-2770호(2002. 7. 23)
주 소 서울 강남구 선릉로 112길 36(삼성동) 창조빌딩 3F (우: 06097)
전 화 02) 544-3468~9
F A X 02) 511-3920
E-mail holybooks@naver.com

책임편집 장민혜
디자인 이선애
제 작 임성암
관 리 양영주

ISBN 979-11-86545-67-6 03810
정 가 10,000원

※ 잘못 만들어진 책은 바꾸어 드립니다.